J'apprends la base
de la lecture

Ce livre appartient à

© 2012 Presses Aventure pour l'édition française.
© 2012 par Disney Enterprises, Inc. Tous droits réservés.
Inspiré de l'histoire de A. A. Milne et E. H. Shepard. Tous droits réservés.

Presses Aventure, une division de
Les Publications Modus Vivendi Inc.
55, rue Jean-Talon Ouest, 2e étage
Montréal (Québec) H2R 2W8
CANADA

Publié pour la première fois en 2011 par Disney Press sous le titre *Let's Learn Early Reading Skills*

CONSULTANTS :
Layne Hudes, Mathématiques, New York, NY
Cheryl Stroud, Arts de la lecture et du langage, Central Nyack, NY

Développement éditorial : bsycamore editorial, Chicago, IL
Édité par Joëlle Murphy
Conçu par Scott Petrower
Illustré par les artistes de Disney Storybook

Traduit de l'anglais par Dominique Chauveau

Dépôt légal : Bibliothèque et Archives nationales du Québec, 2012
Dépôt légal : Bibliothèque et Archives Canada, 2012

ISBN 978-2-89660-405-0

Nous reconnaissons l'aide financière du gouvernement du Canada par l'entremise
du Fonds du livre du Canada pour nos activités d'édition.

Imprimé en Chine

Cher parent,

Les **cahiers d'activités Ma petite école Disney** sont les outils parfaits pour faire une différence dans l'apprentissage de votre enfant. Ce cahier renferme des activités progressives de développement conçues pour l'aider à acquérir les compétences de base essentielles qui lui permettront d'exceller en tant qu'apprenant désireux d'en savoir plus avec enthousiasme. Des autocollants, des jeux, des casse-tête et des activités d'enrichissement offrent une façon agréable de développer les habiletés qui l'aidront à se préparer à la lecture!

La préparation à la lecture est la base sur laquelle repose de solides compétences en lecture et en écriture. Les jeunes bénéficient d'une vaste variété d'expériences tant au niveau du langage que des livres et des imprimés. Ils ont besoin de nombreuses occasions d'expérimenter le langage et son fonctionnement. Écouter des histoires qui leur sont racontées à voix haute offre l'occasion idéale pour discuter des idées, des mots et des lettres. Cela permet aussi aux enfants de voir comment un livre se lit : comment on tient un livre et comment se fait la lecture, soit de gauche à droite et de haut en bas. Il est aussi important d'être capable de remarquer les différences et les similarités entre les objets ou les illustrations. Le fait de développer de solides habiletés de discrimination visuelle aidera les jeunes enfants plus tard à identifier facilement les lettres et les mots.

Il n'existe aucune meilleure façon que l'exercice pour développer les compétences de votre enfant. De par leurs exercices amusants et intéressants, les **cahiers d'activités Ma petite école Disney** assurent qu'il demeure motivé et concentré tout en assimilant des concepts de lecture de base plus solides. Ces activités sont conçues pour maintenir votre enfant occupé et heureux d'apprendre tout en acquérant les compétences essentielles qui lui ouvriront la voie vers un meilleur succès académique.

Soyez conscient du niveau de confort de votre enfant. Ne le poussez ni trop ni pas assez. Rendez l'expérience d'apprendre motivante et amusante. Terminez sur une note positive alors que votre enfant veut en savoir plus. En tant que partenaire dans l'apprentissage avec les **cahiers d'activités Ma petite école Disney**, vous pouvez aider votre enfant à atteindre des jalons importants pour devenir un apprenant confiant et indépendant.

3

Apprends les bases de la lecture

Il est temps de te préparer à la lecture. C'est vrai! Ce livre t'aidera en te permettant de t'exercer à apprendre les lettres, les mots et les histoires. Tu y trouveras aussi des autocollants, des jeux, des casse-tête et beaucoup d'autres façons de t'amuser tout en apprenant. Es-tu prêt?

Trouve un endroit confortable où tu pourras lire tes livres, comme ta chaise préférée ou un oreiller confortable. N'oublie pas de tenir ton livre dans le bon sens.

4

GAUCHE   **DROITE**

N'oublie pas, lorsqu'il s'agit de lire ou d'écrire, de toujours le faire de gauche à droite.

Commence toujours en haut de la page et termine en bas de la page.

HAUT

BAS

NE FRAPPEZ PAS, SONNEZ!

Prépare-toi à t'amuser. Tu es sur le point de devenir une vedette de la lecture !

C'est une merveilleuse journée d'automne dans la Forêt
des Cent Âcres. Winnie l'ourson et Porcinet se préparent
à aller pique-niquer.

« Quelle belle journée pour un pique-nique, dit Winnie.
Emballons tout et dirigeons-nous vers la prairie. »

« Avons-nous tout ce qu'il nous faut ? » demande Porcinet.

« Vérifions, répond Winnie tout en remplissant un panier
à pique-nique <u>brun</u>. Nous avons une couverture <u>bleue</u>,
des petits gâteaux et des tasses <u>jaunes</u>. »

Tandis qu'il dépose un pot de miel <u>rouge</u> sur sa tête pour
le transporter, il ajoute : « Et du miel, bien entendu ! »

« Oh oui, Winnie ! Nous allons bien nous amuser ! »
s'exclame Porcinet.

«Non! Oh, non! s'exclame Winnie. Le vent a fait tomber mon pot de miel <u>rouge</u>. Il a roulé dans ces énormes tas de feuilles <u>brunes</u>, <u>jaunes</u>, <u>vertes</u>, <u>rouges</u> et <u>orange</u> dans le jardin de Coco Lapin. Où est-il maintenant?»

Porcinet regarde les nombreux tas de feuilles. Il regarde <u>en haut</u> des tas de feuilles et il regarde <u>en bas</u> des tas de feuilles.

Winnie regarde aussi les tas de feuilles. Il regarde <u>à gauche</u> des tas de feuilles et il regarde <u>à droite</u> des tas de feuilles.

Winnie devient de plus en plus triste.

« J'ai une idée, dit Porcinet. Rassemblons nos amis et demandons-leur de nous aider à trouver ton pot de miel. »

« Oh, oui, Porcinet ! Quelle idée géniale ! » s'exclame Winnie.

Apprends
pareil et *pareille*

Ces deux papillons sont pareils.

Regarde les illustrations dans chaque rangée.
Encercle celle qui est **pareille** à la première.

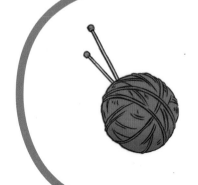  

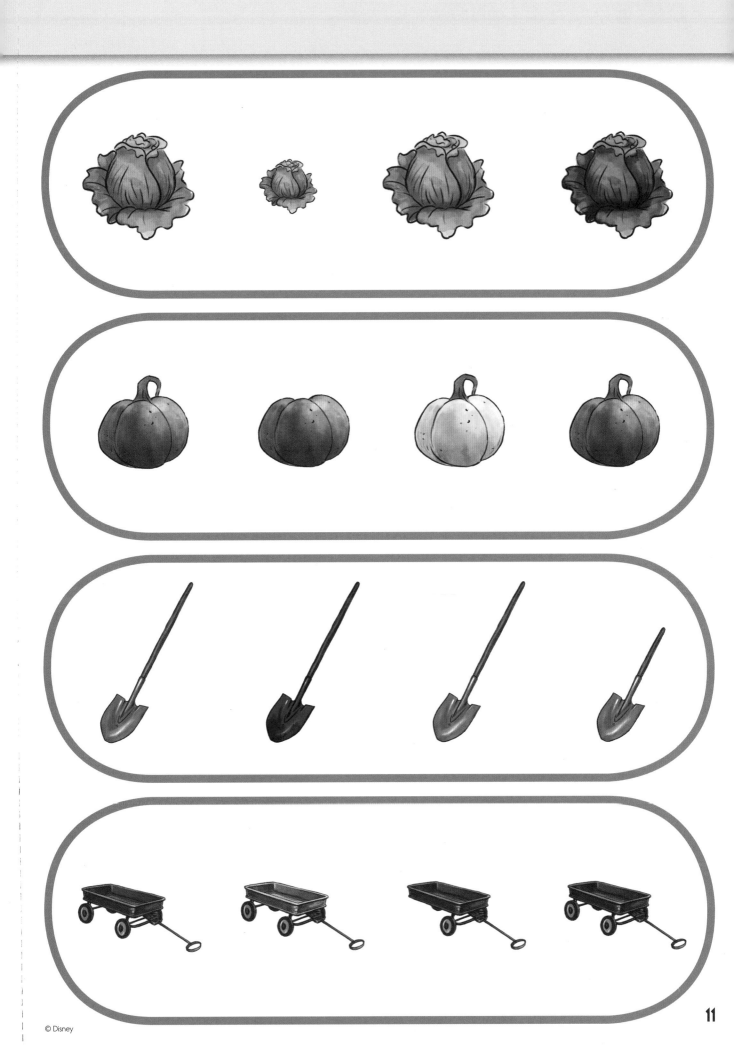

Apprends
différent et *différente*

Ces deux ballons sont différents.

Regarde les illustrations dans chaque rangée.
Encercle celle qui est **différente**.

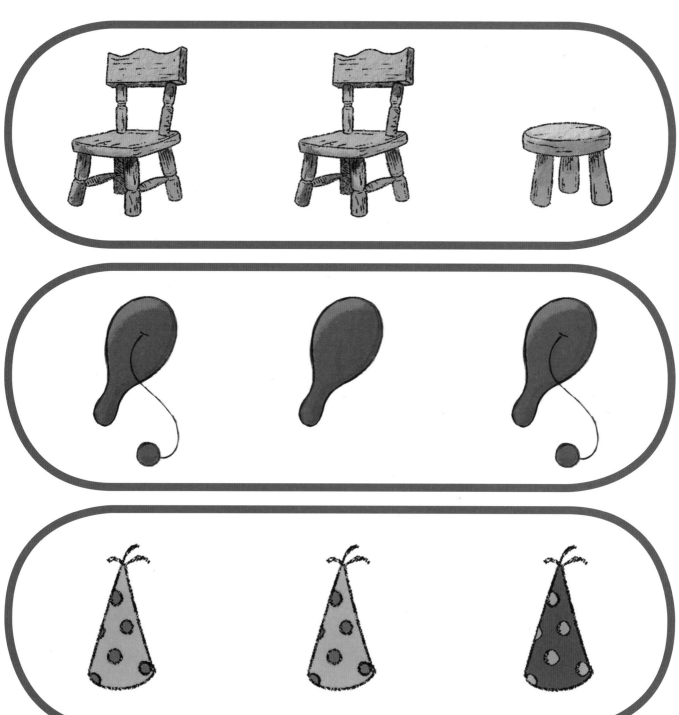

Apprends le concept
aller ensemble

Un 🎂 et des 🕯🕯🕯 vont ensemble.

Regarde les illustrations dans
chaque rangée.
Encercle les 2 qui **vont ensemble**.

14

Regarde les illustrations.
Relie par un trait celles qui **vont** **ensemble**.

Apprends les couleurs

Encercle 3 éléments qui sont .

Encercle 3 éléments qui sont .

16

Encercle 3 éléments qui sont .

Encercle 3 éléments qui sont .

Apprends les couleurs

Encercle 3 éléments qui sont .

Encercle 3 éléments qui sont .

Associe les couleurs

Utilise les autocollants de la page 81.
Trouve l'illustration qui va avec
chaque couleur.
Le premier exercice est déjà fait.

bleu

vert

jaune

orange

rouge

violet

Trouve ce qui manque

Trouve les autocollants à la page 81.
Regarde les illustrations. Ensuite, place les autocollants
à droite de sorte qu'ils correspondent à l'image de gauche.

Apprends les parties d'une maison

Je vois la maison de Winnie l'ourson.

Utilise les autocollants de la page 83.
Regarde la maison de Winnie l'ourson.
Place les parties qui manquent au bon endroit.

Associe les parties d'une maison

Regarde les mots.
Relie par un trait chaque mot
à l'illustration correspondante.

Porte

Toit

Cheminée

Fenêtre

Apprends les mots pour les meubles

Utilise les autocollants de la page 83.
Place les meubles dans la maison de Winnie l'ourson.

Associe les meubles

Regarde les mots.
Relie par un trait chaque mot à la bonne illustration.

Lit

Chaise

Table

Miroir

Armoire

Colorie

Regarde les illustrations.
Colorie les éléments que tu trouves dans
une maison en .

Dessine les parties manquantes

Regarde chaque illustration.
Ensuite, dessine la partie manquante.
Le premier exercice est déjà fait.

MIEL

Casse-tête de la maison de Winnie

Winnie l'ourson doit reconstruire sa maison. Peux-tu l'aider ?

- Demande à un adulte de découper les morceaux du casse-tête des pages 29 et 30.

- Mêle les morceaux du casse-tête.

- Regarde attentivement les morceaux du casse-tête.

- Fais le casse-tête pour obtenir « l'extérieur » de la maison de Winnie l'ourson.

- Mêle de nouveau les morceaux du casse-tête.

- Fais le casse-tête pour obtenir « l'intérieur » de la maison de Winnie l'ourson.

Trace des lignes verticales

Trace chaque ligne de haut en bas.

© Disney

Trace des lignes horizontales

Trace chaque ligne de gauche à droite.

Trace des lignes obliques

Trace chaque ligne de haut en bas, obliquement.

Trace des lignes courbes

Trace les lignes courbes.

Trace les cercles.

Un par un, les amis de Winnie l'ourson arrivent pour l'aider à trouver son pot de miel.

Tigrou saute dans un immense tas de feuilles. Il retombe sur quelque chose de dur et de rond.

« Yahou ! s'exclame-t-il. Je l'ai trouvé ! »

« Ce n'est pas mon pot de miel, dit Winnie en grognant. C'est juste un gros ballon <u>violet</u>. »

Porcinet creuse dans un autre tas de feuilles et, bien vite,
il découvre lui aussi quelque chose de dur et de rond.
Est-ce que c'est un ballon comme celui que Tigrou a trouvé ?
Est-ce que c'est <u>différent</u> ? Est-ce que c'est le pot de miel de
Winnie l'ourson ? Non, c'est juste une citrouille <u>orange</u>.

« Pourquoi donc avez-vous choisi une journée aussi venteuse
pour faire un pique-nique ? » demande Coco Lapin en ratissant
des feuilles et du foin. Soudain, il trouve quelque chose.
Mais ce n'est qu'un chou vert.

Un peu plus tard, Maman Gourou et Petit Gourou arrivent pour aider à chercher le pot de miel de Winnie l'ourson. Maman Gourou ne tarde pas à trouver une pelote de laine rouge dans son tas de feuilles.

«Fais attention, Petit Gourou. Ne te perds pas dans un gros tas de feuilles», prévient Maman Gourou.

«D'accord, maman», dit Petit Gourou en plongeant dans un des plus gros tas de feuilles. Il surgit ensuite en tenant un jouet; c'est un canard <u>jaune</u>.

Bourriquet est le dernier à arriver pour aider. Il marche dans un des derniers tas de feuilles, mais il ne trouve qu'un seau <u>bleu</u>. «Je ne suis pas surpris d'être incapable de trouver le pot de miel de l'ourson, dit Bourriquet. Je suis un perdant, pas un chercheur.»

Trouve les lettres

Colorie la pancarte où il y a des lettres.

P et T sont des lettres.

Écris les lettres de ton nom

Peux-tu lire mon nom – WINNIE ?

Quelles lettres se trouvent dans ton nom ?
Écris ton nom sur la pancarte.

A B C D E F G H I J K L M N O P Q R S T U V W X Y Z

La lettre *T* a des lignes droites.
La lettre *S* a des lignes courbes.

Trace les lettres qui ont des lignes droites.

Trace les lettres avec des lignes courbes.

Trie les lettres

Utilise les autocollants de la page 81.
Aide Winnie et Bourriquet à trier les lettres.

Mets les lettres avec des lignes courbes dans le  .
Mets les lettres avec des lignes droites dans le .

Apprends l'alphabet en ordre

Relie les lettres de A à E dans le bon ordre.
Colorie l'illustration.

Apprends l'alphabet en ordre

Relie les lettres de A à L dans le bon ordre.
Colorie l'illustration.

Apprends l'alphabet en ordre

Relie les lettres de A à Q dans le bon ordre.
Colorie l'illustration.

Apprends l'alphabet en ordre

Relie les lettres de A à Z dans le bon ordre.
Colorie l'illustration.

Le ballon bleu est à **gauche**.
Le ballon vert est à **droite**.

Regarde les illustrations.
Encercle l'illustration à **gauche**.

gauche   droite

Regarde les pots de miel.
Colorie le pot de miel à gauche en .
Colorie le pot de miel à droite en .

48

Apprends
en haut et *en bas*

Utilise les autocollants de la page 83.
Place Winnie **en bas** des marches.
Place Maître Hibou **en haut** des marches.

Trouve les mots

Colorie la pancarte sur laquelle il y a un mot.

Miel est un mot. Il a 4 lettres.

MIEL

CAROTTE

Suis les instructions

Suis les étapes.

Dessine une « queue » au ballon de Bourriquet.

① Dessine un ovale.

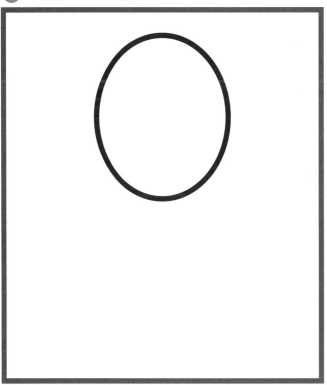

② Dessine une ligne droite.

On s'amuse à la maison dans l'arbre de Maître Hibou

Préparation

- Demande à un adulte de découper les marionnettes des personnages et la scène de la maison dans l'arbre de Maître Hibou à la page 53.
- Pour faire tenir debout les marionnettes, enroule-les pour leur donner la forme d'un cône, puis colle les extrémités ensemble avec du ruban adhésif.

Règles du jeu

- Place tous les personnages en bas de l'arbre.
- Lis la comptine ci-dessous à voix haute.
- Mime la comptine avec les marionnettes.

Monte, monte, monte tout en haut de l'arbre.

Descends, descends, descends jusqu'en bas.

Zoum !

Glisse à gauche.

Saute à droite.

Regarde Winnie l'ourson…

Quel spectacle !

Variantes
- Remplace « Petit Gourou » par « Winnie l'ourson ».
- Remplace « Porcinet » par « Winnie l'ourson ».

haut

gauche

droite

bas

Suis les instructions

Suis les étapes.
Dessine une balançoire pour Petit Gourou.

1 Dessine une ligne droite. **2** Dessine une autre ligne droite. **3** Dessine un rectangle

Prédis ce qui va arriver

Utilise l'autocollant approprié de la page 85.
Les illustrations racontent une histoire sur Winnie l'ourson.
Trouve l'illustration qui montre ce qui se passe en dernier.

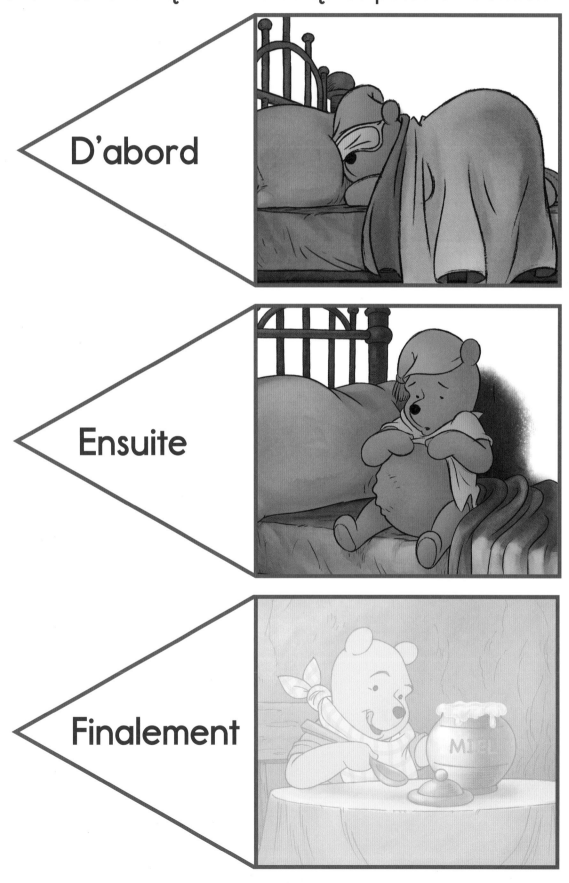

D'abord

Ensuite

Finalement

Prédis ce qui va arriver

Utilise l'autocollant approprié de la page 85.

Les illustrations racontent une histoire sur Bourriquet.

Trouve l'illustration qui montre ce qui se passe en dernier.

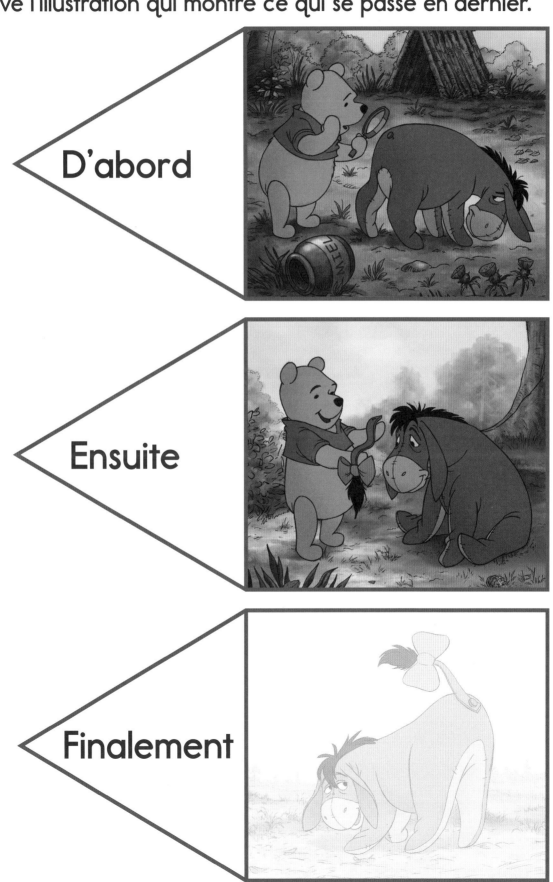

D'abord

Ensuite

Finalement

« Pauvre de moi, pleure Winnie l'ourson. Il y a une citrouille
<u>orange</u>, un chou <u>vert</u>, une pelote de laine <u>rouge</u>, un canard
<u>jaune</u> et un seau <u>bleu</u> — mais pas de pot de miel <u>rouge</u>.
Qu'est-ce que je vais faire maintenant ? »

Du haut de l'arbre, Maître Hibou s'adresse au groupe :
« Je crois que nous retrouverons le pot de miel perdu dans
la matinée. Nous pourrons nous y mettre tôt et ratisser
toutes les feuilles jusqu'à ce que nous le trouvions. »

Soudain, Petit Gourou (qui n'a pas cessé de sauter dans les tas de feuilles) voit quelque chose briller.

« Regarde, maman ! Il y a quelque chose qui brille entre ces deux légumes. »

« On dirait bien que c'est le pot de miel. Vous voyez, il ne faut jamais désespérer, mais plutôt persévérer. Tout est bien qui finit bien », proclame Maître Hibou.

L'ourson et ses amis décident de rester dans le jardin et de pique-niquer sous le clair de lune.

« Merci, mes amis, de m'avoir aidé à retrouver mon pot de miel », dit Winnie, très reconnaissant.

« Et merci, Madame la Lune, d'avoir éclairé la prairie pour qu'on puisse le retrouver », ajoute Porcinet.

« Maintenant, dégustons des petits gâteaux et du miel pour fêter ça », ajoute Winnie l'ourson.

La ronde des chaises

Pour 2 joueurs

> J'aime presque autant les jeux que le miel !

Préparation

- Demande à un adulte de t'aider à découper les personnages, les chaises et les cartes des pages 63 à 66.
- Détache avec soin la planche de jeu des pages 62 et 63.
- Place les chaises en cercle sur la colline.
- Dépose les cartes en pile, face vers le bas, sur la case réservée à cet effet.
- Chaque joueur choisit une « équipe » de 3 personnages et les place sur la case DÉPART de la souche de l'arbre.

Règles du jeu

- Le but est d'être le dernier personnage à s'asseoir sur une chaise à la fin du jeu.
- À chaque tour, le joueur le plus jeune commence. À tour de rôle, les joueurs pigent une carte, puis déposent un de leurs personnages sur la chaise correspondante.
- Si un personnage est déjà assis sur la chaise choisie, il en est délogé et doit s'asseoir sur une autre chaise libre. Par exemple, si Winnie l'ourson occupe une chaise rouge et que Tigrou choisit une carte rouge, Winnie l'ourson doit se déplacer sur une chaise libre.
- S'il n'y a plus de chaise libre, le personnage est éliminé et la partie est terminée.
- Après chaque partie, les personnages qui restent retournent à la souche de l'arbre et une chaise est retirée du cercle.
- Si un joueur choisit une carte dont la couleur ne correspond à aucune chaise disponible, il perd son tour et c'est au tour de l'autre joueur.
- Le jeu se poursuit jusqu'à la ronde finale où il ne reste qu'une chaise et deux personnages. Le premier personnage qui s'assoit sur la chaise gagne la partie. Mais n'oublie pas, tu peux seulement « asseoir » ton personnage sur la chaise si tu choisis une carte de la même couleur. Bonne chance !

Place les cartes ici

63

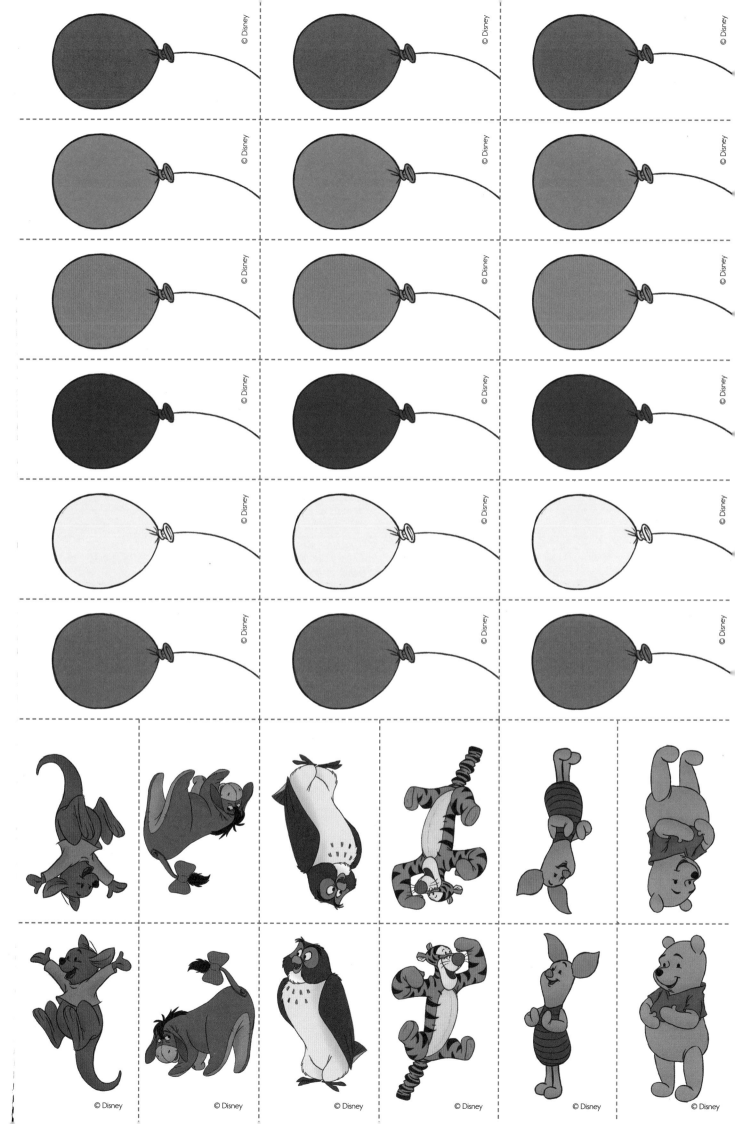

© Disney

Colorie les illustrations en suivant le code.

Réponses

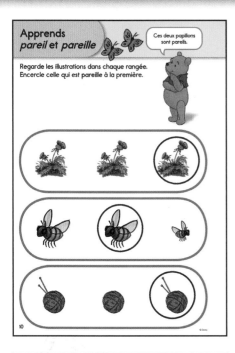

Apprends *pareil* et *pareille*

Regarde les illustrations dans chaque rangée.
Encercle celle qui est pareille à la première.

Ces deux papillons sont pareils.

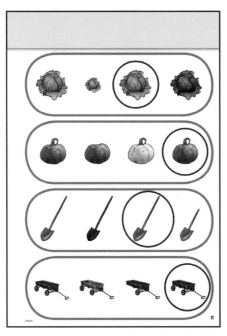

Apprends *différent* et *différente*

Regarde les illustrations dans chaque rangée.
Encercle celle qui est différente.

Ces deux ballons sont différents.

Apprends le concept *aller ensemble*

Regarde les illustrations dans chaque rangée.
Encercle les 2 qui vont ensemble.

Un 🎂 et des 🕯️ vont ensemble.

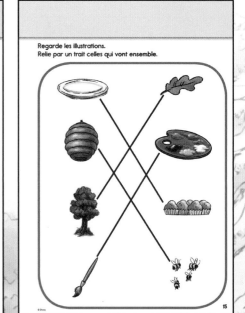

Regarde les illustrations.
Relie par un trait celles qui vont ensemble.

© Disney

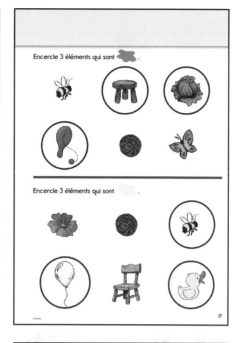

Réponses

Associe les parties d'une maison

Regarde les mots.
Relie par un trait chaque mot à l'illustration correspondante.

Porte
Toit
Cheminée
Fenêtre

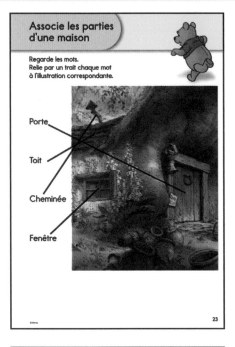

Apprends les mots pour les meubles

Utilise les autocollants de la page 83.
Place les meubles dans la maison de Winnie l'ourson.

Les réponses varient

Associe les meubles

Regarde les mots.
Relie par un trait chaque mot à la bonne illustration.

Lit
Chaise
Table
Miroir
Armoire

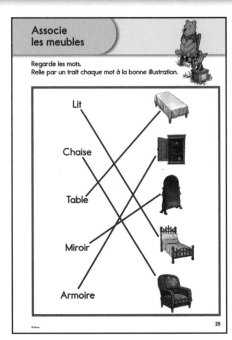

Colorie

Regarde les illustrations.
Colorie les éléments que tu trouves dans une maison en 🖍.

Dessine les parties manquantes

Regarde chaque illustration.
Ensuite, dessine la partie manquante.
Le premier exercice est déjà fait.

Trace des lignes verticales

Trace chaque ligne de haut en bas.

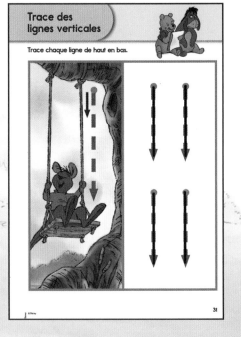

70

Trace des lignes horizontales

Trace chaque ligne de gauche à droite.

32

Trace des lignes obliques

Trace chaque ligne de haut en bas, obliquement.

33

Trace des lignes courbes

Trace les lignes courbes.

34

Trace des cercles

Trace les cercles.

35

Trouve les lettres

Colorie la pancarte où il y a des lettres.

P et T sont des lettres.

40

Trie les lettres

La lettre T a des lignes droites. La lettre S a des lignes courbes.

Trace les lettres qui ont des lignes droites.

T L V Z

Trace les lettres avec des lignes courbes.

S C O G

Réponses

Trie les lettres

Utilise les autocollants de la page 81.
Aide Winnie et Bourriquet à trier les lettres.

Mets les lettres avec des lignes courbes dans le 🎈.
Mets les lettres avec des lignes droites dans le 🎈.

43

Apprends l'alphabet en ordre

Relie les lettres de A à E dans le bon ordre.
Colorie l'illustration.

44

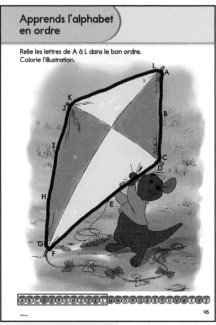

Apprends l'alphabet en ordre

Relie les lettres de A à L dans le bon ordre.
Colorie l'illustration.

45

Apprends l'alphabet en ordre

Relie les lettres de A à Q dans le bon ordre.
Colorie l'illustration.

46

Apprends l'alphabet en ordre

Relie les lettres de A à Z dans le bon ordre.
Colorie l'illustration.

47

Apprends la *gauche* et la *droite*

Le ballon bleu est à gauche.
Le ballon vert est à droite.

Regarde les illustrations.
Encercle l'illustration à gauche.

gauche   droite

Regarde les pots de miel.
Colorie le pot de miel à gauche en ▬.
Colorie le pot de miel à droite en ▬.

MIEL   MIEL

48

Apprends
en haut et en bas

Le pot de miel orange est en haut.
Le pot de miel vert est en bas.

Utilise les autocollants de la page 83.
Place Winnie en bas des marches.
Place Maître Hibou en haut des marches.

49

Trouve les mots

Miel est un mot.
Il a 4 lettres.

Colorie la pancarte sur laquelle
il y a un mot.

50

Suis les instructions

Suis les étapes.
Dessine une « queue » au ballon de Bourriquet.

① Dessine un ovale.   ② Dessine une ligne droite.

51

Suis les instructions

Suis les étapes.
Dessine une balançoire pour Petit Gourou.

① Dessine une ligne droite.   ② Dessine une autre ligne droite.   ③ Dessine un rectangle

56

Prédis ce
qui va arriver

Utilise l'autocollant approprié de la page 85.
Les illustrations racontent une histoire sur Winnie l'ourson.
Trouve l'illustration qui montre ce qui se passe en dernier.

D'abord

Ensuite

Finalement

56

Prédis ce
qui va arriver

Utilise l'autocollant approprié de la page 85.
Les illustrations racontent une histoire sur Bourriquet.
Trouve l'illustration qui montre ce qui se passe en dernier.

D'abord

Ensuite

Finalement

57

Colorie

Colorie les illustrations en suivant le code.

67

73

Voici toutes les nouvelles choses que je peux faire !

Je peux...

trouver des choses qui sont pareilles. ◯	tracer des lignes verticales. ◯
trouver des choses qui sont différentes. ◯	tracer des lignes horizontales. ◯
trouver des choses qui vont ensemble. ◯	tracer des lignes obliques. ◯
nommer et associer des couleurs. ◯	tracer des lignes courbes. ◯
nommer et associer les parties d'une maison. ◯	tracer des cercles. ◯
nommer et associer les meubles... ◯	

Regarde tout ce que tu as réussi! Place l'autocollant d'un pot de miel près de tout ce que tu peux faire.

trouver les lettres et les mots...

identifier la gauche et la droite.

écrire les lettres de mon nom...

identifier le haut et le bas.

trier les lettres qui ont des lignes droites et celles qui ont des lignes courbes.

suivre les indications.

prédire ce qui va arriver.

ordonner les lettres de A à Z.

Activités supplémentaires à faire avec votre enfant

Comment votre enfant apprend-il?

Une étude a démontré que tous les enfants bénéficiaient d'une large variété d'activités d'apprentissage. Voici quelques exercices que vous pourrez faire ensemble, conçus pour développer les compétences qui favoriseront la lecture et l'écriture chez votre enfant.

Jouez avec une lampe de poche

- Renforcez les habilités de lecture avec cette activité. Prenez une lampe de poche et allongez-vous sur le plancher, dans une pièce sombre. À tour de rôle, déplacez la lampe de poche de gauche à droite et de haut en bas. Vous pouvez aussi former des lettres avec la lampe de poche et demander à votre enfant de les deviner; c'est un exercice d'écriture amusant!

Des lettres à la queue leu leu

- Prenez 26 fiches et écrivez une lettre sur chacune d'elles. Mêlez les fiches, puis demandez à votre enfant de les placer en ordre alphabétique sur le plancher afin d'obtenir une longue chaîne de lettres. Mêlez de nouveau les fiches et jouez de nouveau en alignant les cartes de bas en haut d'un escalier ou le long d'un couloir par exemple.

La pêche aux lettres

- Dans du papier construction, découpez dix poissons. Écrivez une lettre ou un chiffre sur chacun d'eux. Fixez un gros trombone sur chaque poisson et déposez le poisson dans le « lac » (une baignoire vide et sèche ou un endroit délimité sur un tapis). Fabriquez une ligne à pêche en attachant un bout de ficelle à une cuillère en bois, à l'extrémité de laquelle vous fixerez un aimant. Encouragez votre enfant à ne pêcher que les lettres, et à éviter les chiffres.

Un arc-en-ciel de mots

- Sur un grand carton pour affiche, dessinez un arc-en-ciel avec votre enfant. Demandez-lui de trouver cinq éléments qui peuvent être associés à chacune des couleurs. Par exemple, cinq éléments rouges, cinq éléments orange, cinq éléments verts, et ainsi de suite. Écrivez le nom de chaque élément le long de la bande de l'arc-en-ciel dont la couleur correspond (« banane » sur la bande jaune, « ballon de basket » sur la bande orange, etc.).

Conduisez sur des routes en forme de lettre

- Avec du papier construction et du ruban adhésif, fabriquez des « routes » en forme de lettre majuscule. Demandez à votre enfant de choisir une petite voiture et de conduire sur chaque route en nommant la lettre à voix haute. Commencez par les routes inspirées de lettres qui sont formées avec des lignes droites comme E, T et L, puis avec celles qui ont des courbes et des cercles, comme G, J et O. N'oubliez pas de construire aussi des routes inspirées de lettres minuscules.

Que se passe-t-il ensuite ?

- Lorsque vous lisez une histoire connue avec votre enfant, arrêtez de lire au milieu de l'histoire et demandez à votre enfant de prédire la suite. S'il s'agit d'une histoire nouvelle, encouragez votre enfant à faire une prédiction quant à la suite, en tenant compte du début de l'histoire.

Le jeu des catégories

- Choisissez une pièce dans la maison, comme la cuisine ou la chambre. À tour de rôle, nommez tout ce que vous pouvez trouver dans cette pièce. Voyez combien d'éléments différents vous pouvez identifier. Par exemple, les éléments à trouver dans une cuisine peuvent comprendre un évier, un réfrigérateur, des chaises, une table, un lave-vaisselle, du savon, etc.

Construisez des maisons en carton

- Trouvez une grosse boîte en carton suffisamment grande pour que votre enfant puisse ramper dedans, comme une boîte vide qui aura servi à emballer un réfrigérateur. Demandez à votre enfant où placer les caractéristiques importantes d'une maison, comme les portes et les fenêtres. Ensuite, découpez-les soigneusement. Fournissez à votre enfant du matériel d'art pour qu'il décore la maison, comme des crayons, des feutres ou de la peinture.

Te voilà une vedette de la lecture !

FÉLICITATIONS !

_____
(Nom)

a terminé le cahier d'activités Ma petite école Disney

J'APPRENDS LA BASE
DE LA LECTURE

Remis le _____
(Date)

_____
(Signature du parent)

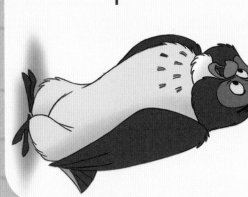

Autocollants pour l'activité de la page 19

Autocollants pour l'activité de la page 21

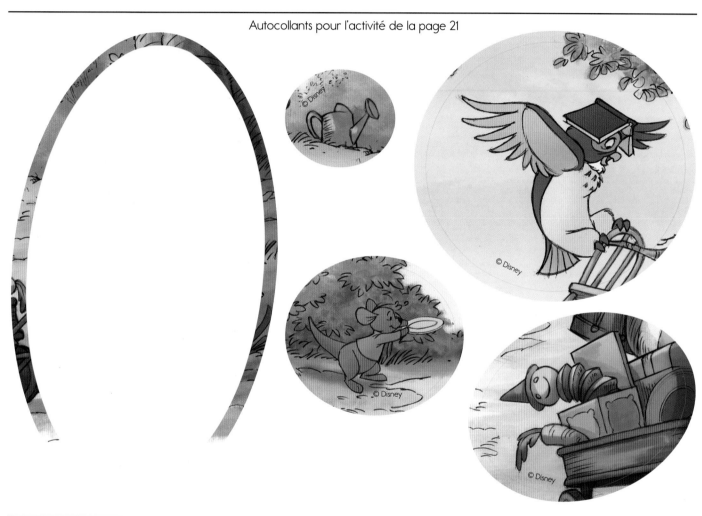

Autocollants pour l'activité de la page 43

C W T G

Z S L U

Autocollants pour l'activité de la page 22

Autocollants pour l'activité de la page 24

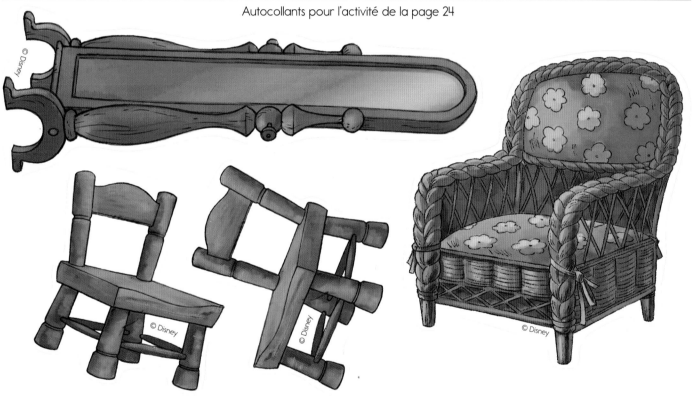

Autocollants pour l'activité de la page 49

83

Autocollants des pots de miel pour la liste de vérification des pages 74 et 75

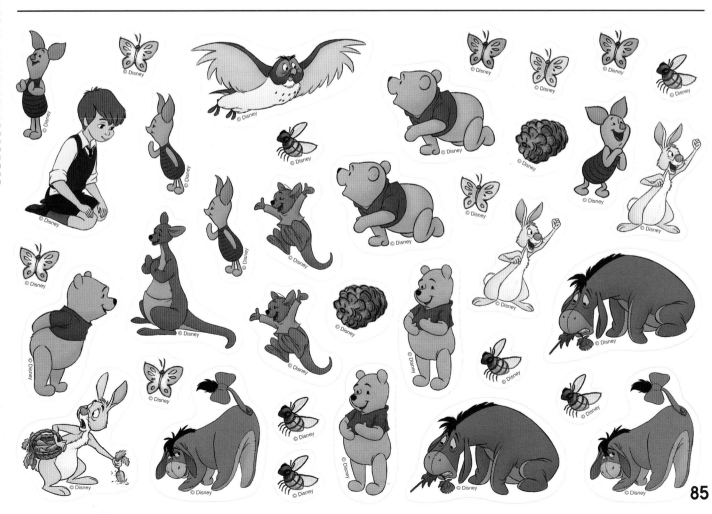